www.tredition.de

AF185676

Monika Blasche

# Wieder geschieht alles zum ersten Mal

## Gedichte

Mit sechs Druckgraphiken
von
Rahel Mucke

www.tredition.de

© 2021 Monika Blasche
© Druckgraphiken: Rahel Mucke
Webseite: www.rahel-mucke.de

Verlag und Druck:
tredition GmbH, Halenreie 40-44, 22359 Hamburg

ISBN
Paperback:        978-3-347-24328-6

*Wenn du es eilig hast,
mach einen Umweg.*

Japanisches Sprichwort

## Guter Morgen

Regenschnüre am Fenster unterstreichen:
Nichts drängt vor die Tür.

Tropfen rinnen ungehindert
nicht ganz geradeaus,
sammeln auf durchsichtiger Tafel
Lichtspuren ein im Überfluss,
befördern die kostbare Fracht
vor aller Augen
von oben nach unten.

Es wird Tag.
Heute will ich nichts zu Ende bringen,
der alten Sucht widerstehen,
augenblicklich.
Im Gehäuse der Uhr
tanzen die Ziffern.

Am Fenster weiter Kammermusik
zahlloser Klopfinstrumente.
Nach friedlosen Träumen
geht mein Puls jetzt
einstimmend andante.

*Zärtlichkeit: eine der Töchter Gottes*
*und unbeirrt subversiv*
Kurt Marti

Beim Abwasch
die Teller, das Wasser
und deine Hände
in spielerischer Allianz.

Im Radio überraschend
ein Lied von früher,
jüngere Stimmen
singen mit Victor Jara
den *Canto Libre*.

Wie du zuhörst
auch mit den Augen.

Eindringlich der Regen,
segnet Blatt um Blatt.

Im Nahraum du und ich
aneinander gelehnt
entlassen wir
überflüssige Bedürfnisse
ins Niemandsland.

Durch den Kantstein
bricht ein Grashalm
mit weicher Klinge.

# Ein Geschenk

Vorhin
vertiefte
das Geräusch
eines einzelnen
vorbeifahrenden
Autos
hörbar
die Stille.

## Nachtwache

In meinem Brustkorb
ein Nest voller Vögel,
jung, hungrig, verrückt.
Ich nähre sie mit meinem Atem,
es wird eng hinter der Herzwand.

Plötzlich weiß ich es,
heute Nacht
zwischen Tumult und Stille
brechen sie aus
und fliegen gen Osten,
besiedeln die hängenden Gärten,
lassen sich tragen vom Aufwind
vor den Felsen am Meer.
Mit starken Schnäbeln zerreißen sie
die Schleppnetze der Nacht,
fliegen dem großen Marsch
zu den Festungen und Grenzzäunen
unermüdlich voraus.

Und an einem windstillen Tag
werden sie mich begleiten
bis in die äußerste Grenzregion,
schon unter leuchtenden Schatten.

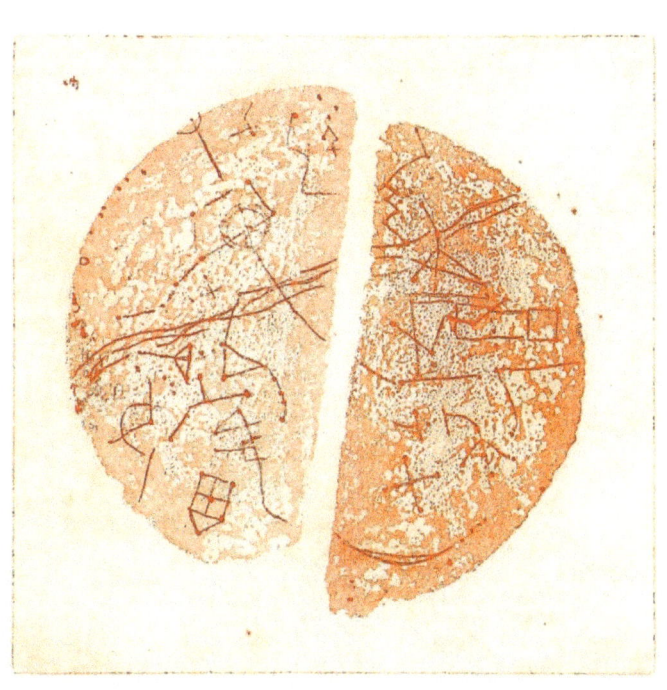

In diesem Sommer


In hellen Scharen drängt die Kamille
vom Wegrand ins Roggenfeld.

Querfeldein geht mein Blick
in der Leuchtspur des Mohns.

Zerstreute Gedanken nimmt die Schafgarbe
einfach unter ihr Dach.

Der Himmel verdichtet sich
im Kornblumengefieder,

in seiner Tiefe verblasst endlich
die schöne Erinnerung.

Aus weißen Wolkentürmen
steigt Licht herab.

## Postgeheimnis

Vor dem Forsythienstrauch
geparkt das Postfahrrad.
Ein Zweig krönt den Lenker,
Geweih in voller Blüte
zittert.

**II**

*Geliebtes leuchtet durchs Gedränge*

Johann Wolfgang Goethe

Abends vor deiner Ankunft

Alle Türen offen. Die Waschmaschine stottert treu
ihr Programm am anderen Ende des Flurs.
Am Fenster stehe ich und höre
immer wieder dasselbe Gedicht:
*wenn der vogel sex  prächtig aufsteigt überm fluss.*
Noch versteckt der Winter
sein Schneelicht hinterm Wechselwind.

Ich seh dich losgehen. Morgen wirklich
sehe ich dich mit offenem Mantel
und suchendem Blick am Bahnsteig neun.
Ein Schönstes wird sein
das Reden über dieses und jenes,
zusammen gedrängt inmitten
der vielen in der U-Bahn,
und in den Kniekehlen zitternde Vorfreude.

Auf den Stimmbändern
noch den Nacht-
rost summe ich
mich neben dir
beinah unbedacht
in den neuen Tag.

# Geistesgegenwart

Sehkraft fließt
in die Fingerspitzen.

Abgelegt die schwarze Brille
auf dem leeren Tisch
belichtet das Holz.

Mein Mund auf deinem Handrücken.

Im Schatten hinter meinem Ohr
ein Strauß Küsse,
Windanemonen.

Unsere Hände erfinden Tänze
hell, ohne Leidenschaft.

Die alten Dämonen staunen nicht schlecht
und suchen das Weite.

Auf der Straße
das Tack-Tack der Absätze
öffnet das Haus.

Schwemmland mein Körper
für das ferne Dunkel
in deinen Augen.
Nur der Mond geht aufs Ganze,
es steigt die Flut.

## Nach der Trennung

Im halbdunklen Treppenflur,
nachdem sie den Park am Nachmittag
überstürzt verlassen hatte,
die hilfreiche Erkenntnis:
Schmerz kommt und geht,
kommt und geht,
darauf  kann sie sich vorerst verlassen.

# Postskriptum

## I

Und, *mein slawisch Lieb,*
was ist jetzt im Winter,
wo alle Züge, die zu dir wollten,
auf halber Strecke eingeschneit sind.

Geblieben ist alles, was in der Welt ist
und mein Wunsch,
du mögest mit leichten Schritten gehen.

Und wenn die Angst einbricht bei dir,
bitte, sperr sie nicht weg,
zu groß und unförmig ist nur ihr Schatten
und sehr von früher.
Auch sie will angehört sein von dir
bei einer Tasse Tee.

Und einmal, mehr nebenbei,
wenn du gerade nicht so eilig
nach Glück suchst,
erinnere dich doch an den Nachmittag
im September, als die hohen Gräser
am Fuß des Wacholderhügels
schon silbern wogten,
und wir beide mittendrin in heller Freude
an allem, was wir sahen,
mit so viel weniger an Worten
als ich sie heute brauche,
an der Schwelle, allein.

II

Immer wieder will ich
sie überschreiten, die Schwelle,
bis keine Hast mehr ist
und keine halbe Strecke,
keine Angst, kein Wacholderhügel
und keine Schwelle mehr,
nur alles wie es ist,
Rauchschwalbe und Wind ungetrennt.
Und ich, ohne den Wunsch
nach etwas Besonderem,
bin auf einmal mit dir
und anderen,
die keine anderen mehr sind,
in hohen Gräsern
am Fuß eines Wacholderhügels.

Zu dir

für I.B.

All die traurigen Herbstgedichte,
ich habe sie zur Seite gelegt.
Aus dem Laub unter meinen Füßen
raschelt Tanzmusik.

Der Novemberhimmel zeigt sich
wolkengefiedert, unter seinen Schwingen
gehe ich mit grauem Haar
und kindlichem Staunen.

An deiner Tür lehn ich die Stirn
für einen Moment an deinen Namen.

Etwas entfernt von dir sitze ich
auf dem Boden vor dem breiten Bett,
das tut sich auf wie eine Bühne.

Du, aufgedeckt und leicht zurückgelehnt,
singst ein russisches Lied für uns.

Zu seinem Refrain wiege ich mich
fast unmerklich, pflanzenartig,
dir mehr und mehr entgegen.

Auch das Flüstern von Namen
versiegt im Überallmeer
unserer Umarmung.

# III

*Bevor der Schnee kommt,*
*bin ich weiß vor Verheißung.*

Ilma Rakusa

Engel


Du mein Geschwister, aufmerksam
zugeneigt mir und der Welt,
weltenerfahren, in Bildern verborgen,
bist anwesend immer.

Ich aber schwirrend,
die Flügel gefleddert,
schaff´s heute nicht raus
aus den Kammern des polternden Herzens
einwärts zum Grund der Moränen.

Fest steck ich im Unterholz ganz
verwirkter Gedanken.
Der fleißige Nachbar sägt
ohne Bedenken
am Fundament unseres Hauses.

Später höre ich
die leise Stimme recht deutlich:
Geh einen Schritt noch nach links,
schau auf den Schimmer
im Treibholz hier
drunter und drüber,
atme Schneewitterung.

## Advent

Auf den Ästen der Esche
Schneepfade, sprengen
in schönster Unregelmäßigkeit
das Rechteck des Fensters.
Einzelne Flocken,
durchsichtige Siegel,
wehen an mein Gesicht.

Vielleicht brauche ich
mich vor dir absichtlich
nicht mehr verbergen.

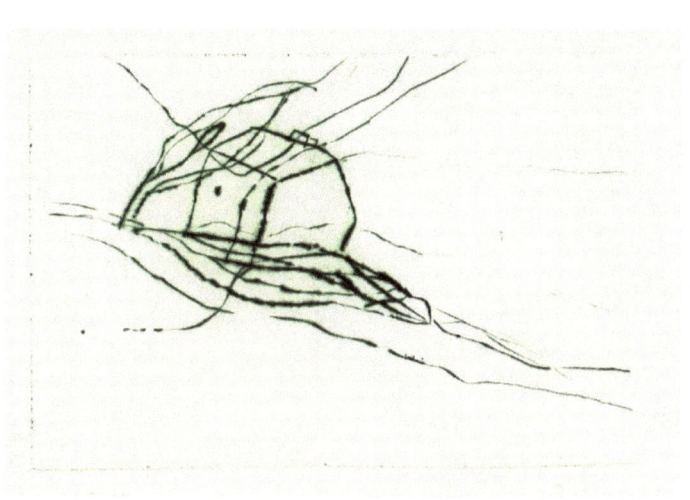

Frostatem gehisst


Ich werde wach
durch gedämpfte Geräusche.
Jemand schurrt mit dem Schneeschieber
über den Gehweg vorm Haus.

Die Vorhänge zurückgezogen,
steh ich im Schlafhemd
still auf der Bühne
vor einer schneebewegten Welt.

Im Hof auf der Schaukel
das weiße Polster bedruckt
mit Hieroglyphen von Meisenfüßen.

Ein Mädchen auf dem Schulweg
pflügt mit Handschuhtatzen
in Zeitlupe die Hauben
von den Autodächern.

Beim späten Frühstück
zerstiebt im Flockenwirbel
der Plan für diesen Vormittag.

Am offenem Fenster
mitten im Fluglärm singe ich
nicht zu laut und nicht zu leise:
*Just a little while to stay here.*

# Einfacher Rückzug

Auf  Dachziegeln glänzen
weiße Fahnen.

Der Unterhändler des Winters
im fadenscheinigen Pelz

erklärt ohne weiteres:
Wir danken ab.

In der Abenddämmerung schließt
die Amsel mit ihrem Belcanto
mein Wintergehäuse auf.

Vorfrühling im Norden


Vor dem Himmel aus lichtgrauer Seide
schwarz das Geäst der Linden.
Bis in die verschlossenen Knospen verzweigt
der Puls neuen Lebens,
verlässlich noch, sprungbereit.

Der Boden taut,
öffnet die Poren,
sein Atem durchsickert die Körper
von allen Seiten.
Ein Luftgespinst, kühl,
streicht über die Stirn.

Wieder geschieht alles zum ersten Mal.

# IV

*und wann sagt jemand: schau*
*wir sind proteindomänen*
*verwertbar wie hülsenfrüchte*
*und darüber hinaus*

Karin Fellner

# Atemlos

Antwort auf eine Anfrage: Finanzielle Mittel für die
Baumpflege stehen nicht zur Verfügung.
Bäume, die aufgrund der hohen Schadstoffbelastung
in Luft und Boden geschädigt sind, werden gefällt,
um Sach- und Personenschäden zu verhindern.

zerlegt und abtransportiert
unsere Atemspender

können nicht
noch eindringlicher fehlen

kein Schatten mehr
verzweigt im Stein

vor uns der Himmel
unbewohnt

# Wachstum Wachstum

Die Kanzlerin verkündet
eine *marktkonforme Demokratie*.

Verschoben wird hinter Panzerglas
verspiegelt das *Humankapital*.
Chefsache bleibt
die Verpackungsindustrie.
Des Kaisers neuestes Kleid:
Ganzkörpervisier digital poliert.

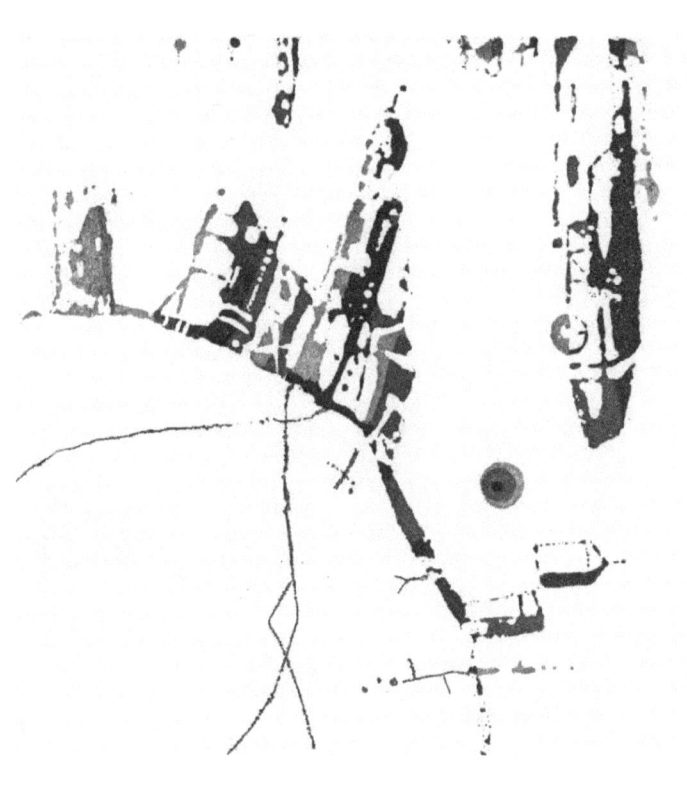

# Wirklich

Schön wie die beiden
in der immerwährenden Geschichte,
ein Mädchen, ein Junge,
Arm in Arm gehen sie
unter dem Rotdorn in voller Blüte,
die Köpfe gesenkt,
ganz ins Zeug gelegt
blicken sie auf ihre Smartphones.

# In der Menge

Einhundert Fotos, Gesichter
verschiedener europäischer Frauen,
durch Software überlagert,
ergeben in etwa die Gesichtszüge
von Claudia Schiffer,

ein Gesicht in mittleren Maßen,
ohne Abweichung,
ohne Überraschung.

*Das Glück begreifen,*
*daß der Boden, auf dem Du stehst,*
*nicht größer sein kann,*
*als die zwei Füße ihn bedecken.*

Franz Kafka

Immer wieder und doch

Wieder eine Entgegnung
im Kopf zusammengeflickt,
während du noch sprachst
mit Begeisterung.
Wieder in Eile
die Teetasse hart
abgestellt im Spülbecken.
Eine Ermutigung ungeschickt
bedacht und verschwiegen.
Die unverdaulichen Nachrichten
wieder verquirlt
mit dem Frühstück.

Jetzt aber, am Rand des Strudels,
ist auch der Schmerzkobold
verstummt, in den Höhlen
sammelt er sich
für ein eindringlicheres Spektakel.

Als Gegengewicht der Stift
zwischen den Fingern, leicht.

Und du im Lichtkegel der Lampe
etwas entrückt.

Das Rascheln des Papiers
beim Umblättern
erfüllt den Raum.

Manchmal einsam leicht

für die zwei Freundinnen

Mitten im Satz
hörte ich auf zu sprechen,
von allen Seiten Schweigen.

Mein guter Geist verließ den Raum,
lauschte vor der Tür
hinaus in den ersten Frost.

Zwischen den Worten zu viel
Bedeutung, Abwehr, neue Fragen.
Aufdringlich noch immer
der Wunsch, verstanden zu werden.

Frei bin ich,
wenn ich für niemanden
eine Schuld erfinde.

Schlaf will kommen,
Gedanken erliegen,
Unrast flackert aus.

Sich jetzt nicht mehr verstricken
in abgelebte Wünsche.

Am Tag nach dem Fest


Windstille.
Der Regen stürzt, geradewegs
versenkt er ins Erdreich
alle überflüssigen Gedanken.

Und du, die ich auch gestern vermisste,
weggegangen ins Zeitlose,
dich suche ich heute deutlicher,
vor der durchlässigen Wand des Regens.

Was ich dir sagen will, sag ich´s nur mir?
Ein Wetterleuchten verspäteter Wünsche?

Den Blick geheftet an die Festung
der unmerklich ziehenden Wolken,
spreche ich deinen Namen lautlos,
von Atemzug zu Atemzug.

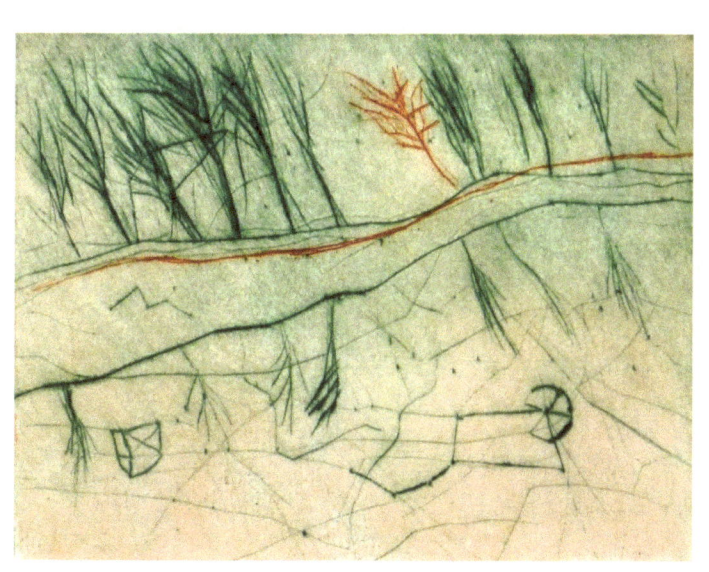

# Zuwendung

Unaufdringlich,
ohne Vorwurf
umatme ich den Schmerz.

Im größeren Spielraum
der rote Kobold,
mir jetzt ganz zugetan,
vergisst seine Profession.

Es geschieht


Das Unfassbare, gewandelt
kommt es wieder,
der Schrecken,
vor allem der namenlose,
Erfüllung, vor allem die
ohne Grund,
pulsieren unter der Haut.

Die Zeit ist kein Fluss,
überall quillt es.

Wozu die alten Briefe


Erinnerungen, die spürbarsten
kommen ungerufen,
geheftet an das Quietschen
der Straßenbahn in der Wendeschleife,
an den Duft der Kiefern
im heißen Sommer,
an ein Wort,
mehr an den Klang als die Bedeutung.
Die Nacht deiner Augen
beinah in anderen Augen.

Das Staunen, die Scham,
die immer offene Frage,
schon wieder Gegenwart.
Auch die Freude bei dem Gedanken,
das Tal weit im Nordosten,
das wir das große nannten,
noch einmal zu durchwandern,
ist Freude jetzt.
So bleib ich, wo ich bin.

Den ersten deiner Briefe,
fünf Zeilen,
weiß ich auswendig.
Trotz Wortlaut auch er
inzwischen erinnerte Erinnerung.

Den letzten Brief, zwei Blätter,
einseitig beschrieben,
großzügig  jedes Wort,
leg ich einen Augenblick lang
an mein Gesicht.

Zuflucht


Bis zum Balkon der Duft
der ersten Holunderblüten.
Wind geht über mein Gesicht,
leicht und eindeutig.
Die Sonne wärmt
bis unter die Haut.

Und fühle doch Trennung.

Wenn ich mich fallen ließe
in den Raum,
der ist überall
das Netz,
geknüpft aus hier
und jetzt und jetzt –

## In entfernter Anlehnung

für Peter Fischli und David Weiss

Ist eine schlaflose Nacht vielleicht
doch keine Garantie
für einen verdrehten Tag?

Der Kaffee schmeckt nach Kaffee,
und Luft und Licht sind
an diesem Morgen ein Paar,
das alles adoptiert,
was ihm in die Quere kommt.
Und ich rede heute mit dir,
die du fern bist,
besonders gern über Dinge,
die nicht zu fassen sind.

Wie stelle ich es an,
dass ein Überfluss langsamer versickert?
Wie lange bleibt des Rätsels Lösung
eine Überraschung?
Wann hört nach einer Trennung
die Getrenntheit auf?

Und wenn ich, hellwach,
dich so wie jetzt in Gedanken umarme,
stehn deine Silberhaare dann
ein klein wenig ab?

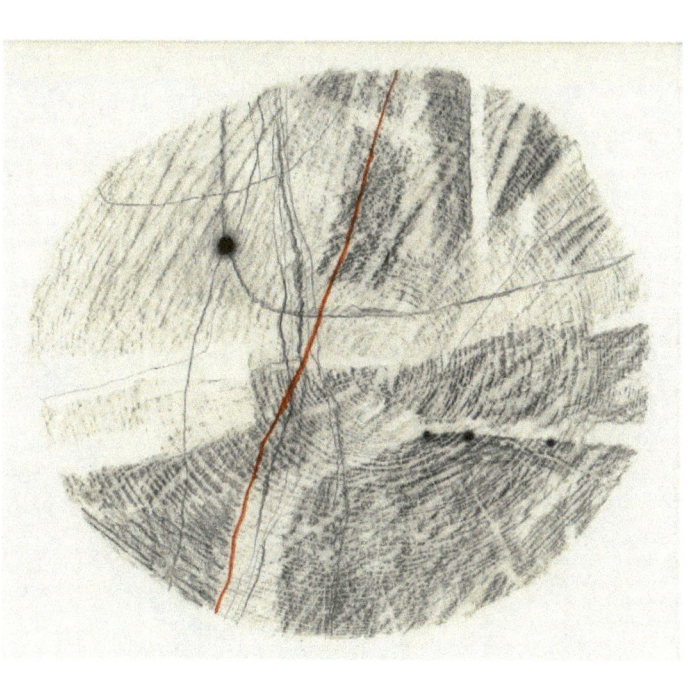

Quellenangaben

Wenn du es eilig hast, aus Japanische Sprichwörter,
Verlag Volk und Welt Berlin, 1986, Seite 5

Zärtlichkeit, aus Kurt Marti, Zart und genau,
Evangelische Verlagsanstalt GmbH Berlin, 1985,
Seite 242

Geliebtes leuchtet, aus Johann Wolfgang Goethe,
Faust, 2. Teil, 2. Akt

Bevor der Schnee kommt, aus Ilma Rakusa,
Impressum: Langsames Licht, Literaturverlag
Droschl Graz – Wien 2016, Seite 12

und wann sagt jemand, aus Karin Fellner,
hangab zur kehle, yedermann Verlag, 2010, Seite 58,
mit freundlicher Genehmigung der Autorin

Das Glück begreifen, aus Franz Kafka,
Beim Bau der chinesischen Mauer, Fischer Taschen-
buch Verlag, Frankfurt am Main, 2008, Seite 232

Zu den Graphiken von Rahel Mucke

Kosmos, Seite 11
Radierung, 15 x 15 cm

Baum, Seite 21
Kaltnadelradierung, 20 x 14 cm

Haus am Hang, Seite 33
Kaltnadelradierung, 10,5 x 15 cm

Turmbauten, Seite 43
Radierung, 22 x 20,5 cm

Milchstraße, Seite 53
Kaltnadelradierung, 10,5 x 13 cm

Kosmos, Seite 61
Frottage, 25 x 26 cm

# Inhalt

Zeitfracht Medien GmbH
Ferdinand-Jühlke-Straße 7
99095 Erfurt, Deutschland
produktsicherheit@kolibri360.de